Género Ficción realista

Pregunta esencial
¿Qué sonidos escuchas? ¿De dónde vienen?

¡Vamos a mirar aves!

Amy Helfer
ilustrado por Mike Reid

Capítulo 1

Trini recibe una sorpresa

—¡Trini, ven! El cartero trajo un paquete para ti —dijo mamá.

Trini bajó rápidamente, pero sin tropezar.

Mamá le entregó el paquete y Trini miró quién lo había enviado. Era de su abuela.

—Qué extraño. ¡Si todavía faltan más de tres meses para mi cumpleaños! ¿Qué podrá ser? —dijo Trini.

—Ábrelo y lo sabrás.

Trini casi destrozó el papel para abrir el paquete. Sacó un objeto muy raro de la caja.

—¿Qué es esto? —se preguntó.

Era un instrumento pequeño, como un silbato.

En el paquete también había un libro. El título era *Guía para atraer y observar aves*.

En el paquete, Trini también encontró un CD y una carta de su abuela.

Querida Trini:

La próxima semana, tu abuelo y yo iremos a una excursión para observar aves. ¡Queremos que vengas con nosotros!

Escucha el CD y lee el libro. Luego, usa el llamador para imitar el sonido de las aves.

Un abrazo, tu abuela
Gertrudis

Detective del lenguaje

¿Qué pronombres hay en la carta de la abuela?

Trini miró el llamador con curiosidad. Sujetó la parte más larga con una mano. Con la otra mano giró la parte de metal.

¡TRIII!

—¡Qué ruido tan feo! —dijo Trini.

Capítulo 2

Trini debe practicar

—Tengo que tratar de hacerlo un poco mejor —dijo Trini.

Trini giró el llamador de otra manera.

¡TRIII! ¡TRIII!

A mamá todo esto no le resultaba muy gracioso.

—Tienes que practicar —dijo mamá—. Encontrarás la manera de hacerlo bien.

Detective del lenguaje	¿Qué tipo de palabra es TRIII?

Trini escuchó el CD y practicó durante varios días. El llamador hacía chirridos estridentes, nada parecidos al canto de un ave. Trini practicó y practicó, pues estaba decidida a hacerlo bien.

Llegó el día. Sus abuelos la recogieron en la casa temprano. Después, los tres tomaron el tren hasta un parque.

Capítulo 3

Una tarde con las aves

Trini y sus abuelos pasearon por un camino entre los árboles.

—¿Escucharon eso? ¿Qué fue? —preguntó de pronto el abuelo Patricio.

Trini escuchó con atención.

—¡Parece un carbonero! —dijo.

La abuela felicitó a Trini:

—Es verdad, Trini. ¡Muy bien!

Trini sacó de un bolsillo su llamador y lo giró. ¡Sonó como un pajarito!

—¡Miren, creo que está allí! —dijo la abuela Gertrudis.

Miraron a través de los binoculares: era el carbonero. Trini no lo podía creer.

—Buen trabajo, Trini —dijo el abuelo—. Tu llamador lo atrajo. Veamos qué más podemos encontrar en el parque.

Trini escuchó muchas aves aquella tarde. Reconoció a trece aves diferentes aun antes de que aparecieran.

—Nunca imaginé que tantas aves vivieran tan cerca de nuestro hogar. Y cada una suena muy diferente de las otras —dijo.

Tras la visita, Trini siguió pensando en el paseo.

No veía la hora de ir al parque nuevamente.

"Mientras pueda volver al parque, seguiré practicando. Así mejoraré y atraeré más aves la próxima vez", pensó.

Respuesta a la lectura

Volver a contar

Vuelve a contar *¡Vamos a mirar aves!* con tus propias palabras.

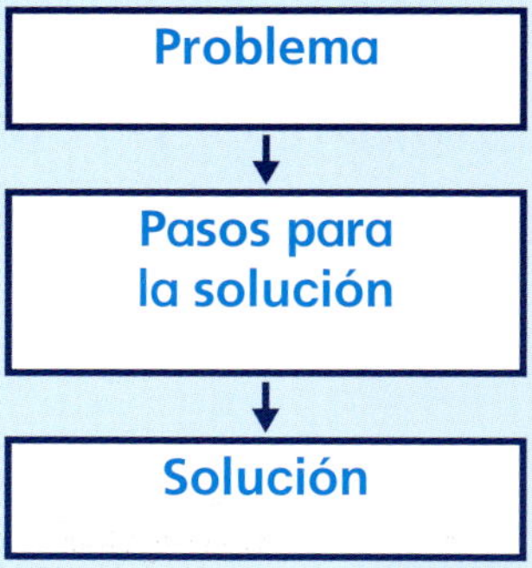

Evidencia en el texto

1. Mira la página 6. ¿Qué problema tiene Trini? **Problema y solución**

2. Mira la página 9. ¿Solucionó Trini su problema? ¿Cómo lo sabes? **Problema y solución**

3. ¿Cómo sabes que *¡Vamos a mirar aves!* es un cuento de ficción realista? **Género**

Género **Instrucciones**

Compara los textos

Lee para aprender a hacer campanitas colgantes.

Purestock/Getty Images

Campanitas colgantes

Sigue las instrucciones para hacer unas campanitas colgantes.

Paso 1 Pídele a un adulto que haga cuatro agujeros en el borde de un vaso de cartón. Luego hagan otro agujero en el fondo del vaso. Corten cinco pedazos de cuerda de 12 pulgadas cada uno.

Paso 2 Ata un cascabel en un extremo de cada cuerda. ¡Haz un nudo fuerte!

Paso 3 Corta popotes en pedacitos. Luego, haz collares con las cuerdas, los popotes y cuentas de madera o plástico. Deja algo de cuerda en el extremo superior.

Paso 4 Ata los extremos superiores de las cuatro cuerdas a los cuatro agujeros del vaso.

Paso 5 Toma medio limpiapipas. Haz un bucle con una de sus puntas. Ata la cuerda con el cascabel al bucle. Luego, introduce la punta recta del limpiapipas en el agujero del fondo del vaso.

Paso 6 Haz otro bucle en la otra punta del limpiapipas. Cuelga tus campanitas para que el viento las haga sonar.

¿? Haz conexiones

Las aves y las campanitas colgantes hacen sonidos que escuchas al aire libre. ¿Qué otros sonidos escuchas al aire libre?

El texto y tú

Enfoque: Ciencias

Propósito Clasificar sonidos que escuchas a tu alrededor

Paso a paso

Paso 1 Piensa en sonidos que escuchas durante el día y durante la noche.

Paso 2 Haz una tabla como esta.

Sonidos del día	Sonidos de la noche

Paso 3 Escribe tres sonidos del día y tres sonidos de la noche.

Conclusión ¿Qué sonido es más fuerte? ¿Cuál es más suave? ¿Cuál te gusta más?